빛으로 오시는 주님,

이번 대림 시기 동안 바치는 저의 기도와 지향이
아기의 모습으로 지상에 오신 당신 신비를
기억하는 여정이 되도록 이끌어 주소서.
또한 저희가 당신을 통해 구원받을 수 있음을
잊지 않도록 도와주소서.
제 모든 것을 당신께 오롯이 바치나이다.

이름 · 세례명 _____

교구명 · 본당명 _____

본당 주보성인 _____

구역 · 반 _____

《대림 묵상 노트》 시작하기

> 이제 특별히 이 대림 시기, 이 기다림의 시기에 우리는 다시 한번 더 강생이라는 위로 가득한 신비, 성탄의 빛을 맞도록 준비합시다.
>
> — 프란치스코 교황

* 《대림 묵상 노트》는?

아기 예수님을 기다리는 대림 시기를 어떻게 보내야 할까요? 다가올 기쁨을 기다리는 마음으로 이 시기를 경건하게 보내야 한다는 것은 알지만 실제로 어떻게 이 시기를 보내야 할지는 잘 모르는 경우가 많습니다. 그러나 이 시기를 평상시처럼 보내고 나면 성탄의 커다란 기쁨이 반감되고 맙니다. 특히 연말이라는 이유로 몸과 마음이 분주해지기 쉬운데 그렇게 이 시기를 보내면 마음 한켠에 아쉬움이 커집니다.

주님 성탄 대축일을 가장 큰 명절로 보내는 독일에는 '어드벤트 캘린더'(대림 캘린더)라는 문화가 있다고 합니다. 12월 1일부터 24일까지 24일간을 특별하게 보내기 위한 풍습이지요. 이 풍습은 처음에는 달력의 날짜 뒤쪽마다 성경 그림이나 구절을 숨겨 두고 매일 묵상할 수 있게 했던 것이 점차 여러 모양과 형식으로 발전한 것입니다. 이 어드벤트 캘린더(대림 캘린더)처럼 우리 신자 여러분들도 매일매일 대림 시기에 어울리는 글과 신앙 생활을 챙길 수 있는 글을 볼 수 있으면 대림 시기를 보내는 데 큰 도움이 되지 않을까요?

《대림 묵상 노트》는 매일매일 잠깐의 시간을 내어 짧은 구절을 읽고 자신을 돌아볼 수 있도록 해 주는 노트로, 아기 예수님을 더욱 기쁘게 맞기 위해 대림 시기 동안 자신의 시간을 조금씩 봉헌하도록 이끌어 줍니다.

* 《대림 묵상 노트》 시작하기

《대림 묵상 노트》는 12월 1일부터 주님 성탄 대축일까지 좋은 글을 묵상하고, 자기를 간단히 성찰해 볼 수 있도록 안내해 줍니다. 이러한 성찰은 주님께 드리는 감사와 청원의 기도로 이어집니다. 주님께 감사드리며 우리가 진정으로 원하는 바를 찾아볼 때 아기 예수님을 향한 우리의 희망은 더욱 커질 것입니다. 또한 주님께 우리 마음을 진솔하게 말씀드리면 점차 우리에게 오시는 아기 예수님이 진정한 기쁨임을 깊이 깨닫게 되리라 믿습니다.

* 《대림 묵상 노트》를 활용하는 방법

《대림 묵상 노트》는 매일 시간을 정해 두고 조용히 기도하며 묵상할 수 있는 공간에서 차분히 작성해 보는 것을 추천합니다. 깊이 성찰한 다음 간결하게 작성하는 것이 좋을 것입니다. 하지만 그렇게 시간과 장소를 마련하기 힘든 경우에는 이를 크게 개의치 않기를 바랍니다. 어디에서 어떤 형태로 하여도 주님은 기뻐하실 것입니다. 글씨를 잘 쓰려고 하거나 노트를 예쁘게 꾸미려고 노력하기보다 자신과 주님에게 진솔하려고 노력하는 것이 가장 중요합니다.
소공동체나 기도 모임 등에서 나눔용으로 이 노트를 활용해도 좋습니다. 대림 시기 동안 공동체 안에서 이 노트를 작성하고 나눈다면 더욱 소중한 시간이 될 것입니다. 주님은 공동체가 함께 기도하는 모습에 크게 기뻐하실 것입니다.
이렇게 성탄을 기다리는 시간을 《대림 묵상 노트》로 준비해 보세요! 주님 성탄 대축일이 더 큰 기쁨이 될 것입니다.

시작 기도

주님,
대림 시기를 통해
아기 예수님을 기쁘게 맞이하도록 해 주심에
참으로 감사드리나이다.

복잡하고 어지러운 세상 속에서도
고요하고 거룩한 이 시간을 허락해 주셨기에
저희 희망이신 당신을 위한 준비를 할 수 있나이다.

오늘 당신과 함께하는 묵상을 통해
깨닫는 바를 잊지 않고 매일 실천하게 해 주시고
그러한 실천이 가장 작은 이들의
눈물을 닦아 주는 도구가 되게 해 주소서.

그리고 이번 기회가 당신을 따르는 신앙인으로서
겸손하게 기쁨을 향해 나아갈 기회가 되도록 해 주소서.
아멘.

우리는 가까이 오시는 하느님, 주님께 문을 열어야 합니다. 특히 우리가 내면의 영적 동요를 느낄 때, 다른 이들을 위해 무언가를 좀 더 해야 한다고 요청받는다고 느낄 때, 기도를 하라고 부르심받는다고 느낄 때 말입니다. 왜냐하면 바로 그때가 하느님이 우리와 함께하시며, 우리 가까이 계실 때니까요.

이러한 희망의 선포가 성탄을 통해 참으로 드러나 하느님의 뜻이 온전히 실현되기를 빕니다. 아울러 우리 모두와 온 교회 그리고 특별히 여러 갈래로 갈라진 오늘날 세상의 수많은 약한 이들 안에서 실현되길 바랍니다. 하느님은 당신이 가까이 다가가시는 모두를 사랑하시기 때문입니다.

— 프란치스코 교황

예수님은 우리 가운데 태어나셨고 우리와 함께하시는 하느님이십니다. 그분은 우리 일상과 함께하시며, 기쁨과 슬픔, 희망과 두려움 등 모든 것을 우리와 함께 나누기 위해 오셨습니다.
그러나 그분은 힘없는 아이로 오십니다. 추운 밤에 가난한 사람들 사이에서 가난하게 태어나십니다. 그분에게는 모든 것이 필요하십니다. 그분은 지금 따뜻함과 쉼터를 찾기 위해 우리 마음의 문을 두드리십니다.

― 프란치스코 교황

12월 1일

★… 오늘의 묵상

예수님이 태어나셨을 때, 별이 하늘에서 빛났고, 동방 박사 세 사람은 이 별이 특별한 것임을 알아보았습니다. 그들은 이 별이 새로운 왕의 탄생을 알리고 있음을 알았습니다. 그래서 이 별을 보고는 길을 떠났습니다. 대림 시기는 이렇게 우리에게 출발하라고, 길을 떠나라고 권합니다. 오늘날 그 목적지는 더 이상 베들레헴이 아닙니다. 바로 우리 자신의 마음입니다. 여기에서 별이 빛납니다. 각자 인생의 별이 환하게 빛나고 있습니다.

― 자카리아스 하이에스, 《별이 빛난다》

★… 우리 마음속에 환하게 빛나고 있는 별을 발견할 수 있나요?
그 별은 당신에게 뭐라고 말하고 있나요?

진정한 기도는 모든 희망이 사라진 것처럼
보이는 어둠 속에서 태어납니다.

프란치스코 교황

★⋯ 하느님께 감사드리며 오늘 여러분의 결심을 봉헌해 봅시다.

★⋯ 주님께 드리는 오늘의 감사 기도

12월 2일

★… 오늘의 묵상

예수님은 우리 몸과 마음을 치유하시며, 평온한 마음을 주십니다. 그리고 그 선물을 다른 사람들과 함께 나누고자 하는 마음까지 주십니다. "예수님이 기도하시고, 예수님이 치유하십니다." 우리가 따라야 할, 이보다 더 좋은 길은 없습니다.
나의 기도가 기대했던 것과 다른 방식으로 응답을 받았던 때를 떠올려 보십시오. 그것이 바로 치유가 이루어지는 선물입니다.

— 프란치스코 교황, 《프란치스코 교황이 초대하는 이달의 묵상: 치유》

★… 기대했던 것과 다른 방식으로 기도가 이루어진 적이 있나요?
   그때 주님께서는 어떤 깨달음을 주셨나요?

> 기도는 언제나 이렇게 묻도록 이끕니다.
> "저를 위한 하느님의 뜻은 무엇입니까?"
>
> 프란치스코 교황

★… 하느님께 감사드리며 오늘 여러분의 결심을 봉헌해 봅시다.

★… 주님께 드리는 오늘의 감사 기도

12월 3일

★… 오늘의 묵상

예수님과 제자들의 만남을 떠올려 보세요. 주님은 특별한 곳에서 인상적인 방식으로 나타나시지 않습니다. 일상적인 곳에서 자신을 드러내시지요. 그러니 그곳이야말로 주님을 찾아야만 하는 곳입니다. 주님은 그곳에서 당신의 사랑을 느끼도록 해 주십니다. 일상적인 상황 속에서 자신과 대화를 나누며 우리 마음을 변화시켜 주십니다.

— 프란치스코 교황

★… 일상에서 주님을 느낀 순간이 있나요?
　　그때 상황과 느낀 점을 자세히 떠올려 보세요.

진정한 평범함은 명백한 성스러움이다.

로버트 J. 윅스

★⋯ 하느님께 감사드리며 오늘 여러분의 결심을 봉헌해 봅시다.

★⋯ 주님께 드리는 오늘의 감사 기도

12월 4일

★… 오늘의 묵상

유익한 신심 서적을 늘 지니고 다니십시오. 그것들을 마치 그 성인들이 천국으로 가는 길을 가르쳐 주고 용기를 주고자 천국에서 그대에게 보내는 편지라고 여기십시오. 우리 실생활에 확실한 길잡이가 되는 성인전도 있습니다.
이런 것들은 우리 마음에 하느님에 대한 사랑을 일깨우는 데 큰 도움을 줄 것입니다.

― 프란치스코 살레시오 성인, 《신심 생활 입문》

★… 올해 읽은 신심 서적이 있나요? 있다면 그 책에서 가장 인상 깊었던 구절을 적어 보세요. 없다면 오늘 신심 서적을 찾아 읽어 보세요.

영적인 독서는 무지의 껍질을 깨고
하느님과 내가 함께 살아가고 있다는 것을 깨우치게 한다.

로버트 J. 윅스

★… 하느님께 감사드리며 오늘 여러분의 결심을 봉헌해 봅시다.

★… 주님께 드리는 오늘의 감사 기도

12월 5일

✶… 오늘의 묵상

희망은 어두운 곳에 있습니다. 의심하고 당혹스러워하는 곳에 희망이 있습니다. 이것이 가장 낮은 곳에서, 우리 일상 가운데 주님이 태어나신 이유입니다.
가식적인 경건함 없이 그대로의 괴로움을 하느님께 보여 드리세요. 그곳에서 아기 예수님이 태어나실 것입니다. 아기 예수님은 밤하늘의 별처럼 밝게 빛날 것입니다. 우리에게 어디로 가야 할지 알려 주실 것입니다.

— 프란치스코 교황

✶… 요즘 내 마음을 괴롭게 하는 일이 있나요?
주님께 이런 나의 마음과 감정을 솔직히 말씀드려 보세요.

예수님 당신은 저를 구원하실 수 있습니다.
당신은 저를 구원하실 수 있습니다.

프란치스코 교황

★… 하느님께 감사드리며 오늘 여러분의 결심을 봉헌해 봅시다.

★… 주님께 드리는 오늘의 감사 기도

12월 6일

✶⋯ 오늘의 묵상

하느님은 우리를 기다리고 계십니다. "그러니 준비하십시오." 요한 세례자가 전하는 메시지도 이것입니다. 우리에게 다시 미소를 선사해 줄 아기 예수님을 만날 준비를 하시기 바랍니다.

진정한 역사는 힘 있는 자들이 만들지 않습니다. 역사는 작은 이들에 의해 이루어집니다. 하느님께서 작은 이들과 함께 쓰시는 역사가 진정한 역사이며 이 역사는 영원히 남습니다.

— 자카리아스 하이에스, 《별이 빛난다》

✶⋯ 아기 예수님을 만나기 위해 무슨 준비를 하고 있나요? 특히, 고해성사를 드렸나요? 고해성사를 드린 뒤 무엇을 느꼈는지 묵상해 봅시다.

"나는 죄가 많은데⋯⋯."하고 주저하지 마십시오.
예수님은 그것을 다 알고 계십니다.

김수환 추기경

★… 하느님께 감사드리며 오늘 여러분의 결심을 봉헌해 봅시다.

★… 주님께 드리는 오늘의 감사 기도

12월 7일

★… 오늘의 묵상

우리가 대림 시기와 성탄 시기에 불을 붙이는 초는 예수 그리스도 안에서 사람이 되신 하느님의 신비를 떠올리게 해 줍니다. 그리스도가 우리 가운데 계십니다.
초를 보며 우리는 이를 느낄 수 있습니다. 그리스도가 당신의 빛으로 우리 집과 우리 마음을 밝혀 주시고, 당신의 사랑으로 따뜻하게 해 주신다는 것을!

— 안셀름 그륀, 《안셀름 그륀의 기적》

★… 예전에 드렸던 기도 가운데 기억에 남는 기도가 있나요?
어떤 기도였나요? 그리고 그 기도에 대한 응답은 무엇이었나요?

―――――――――――――――――――――――――――
―――――――――――――――――――――――――――
―――――――――――――――――――――――――――
―――――――――――――――――――――――――――
―――――――――――――――――――――――――――

하느님께서는 그대가 한 말을 들으시고,
비추시고, 가르치시리라.

십자가의 요한 성인

★… 하느님께 감사드리며 오늘 여러분의 결심을 봉헌해 봅시다.

★… 주님께 드리는 오늘의 감사 기도

12월 8일

★… 오늘의 묵상

우리는 기뻐하라고 부르심받았습니다. 기쁨이 없는 그리스도인은 무언가 부족한 그리스도인이거나 그리스도인이 아닙니다! 이 기쁨은 진정한 것이며, 우리에게 용기를 주는 기쁨입니다. 주님은 해방자로 오십니다. 그분은 온갖 형태의 종살이에서 우리를 해방시키러 오십니다. 그분은 우리에게 신실함과 절제, 인내의 길을 보여 주십니다.

— 프란치스코 교황

★… 혹시 마음에 남아 있는 상처가 있다면 무엇인가요?
　　이에 대해 주님께서는 어떤 말씀을 해 주시는지 묵상해 봅시다.

———————————————————————
———————————————————————
———————————————————————
———————————————————————
———————————————————————
———————————————————————

겸손은 하느님과 올바른 관계를 맺도록 이끌며,
온화함은 이웃과 올바른 관계를 맺도록 이끈다.

프란치스코 살레시오 성인

★… 하느님께 감사드리며 오늘 여러분의 결심을 봉헌해 봅시다.

★… 주님께 드리는 오늘의 감사 기도

12월 9일

★… 오늘의 묵상

성모님은 하느님이 그분에게 요구하시는 것일 때, 그리고 꼭 해야만 하는 일이 분명할 때는 지체 없이 행동하셨습니다. 이렇게 하느님의 말씀에 순종하여, 성모님의 행동은 애덕과 하나가 되었습니다.
성모님은 이렇게 사랑으로 자기에게서 벗어나시어 훨씬 더 값진 것을 얻어 가셨습니다. 당신의 아드님인 예수님을 모셔 가신 것입니다.

— 프란치스코 교황, 《프란치스코 교황이 초대하는 이달의 묵상: 성모 마리아》

★… 주님께서 시키신 '지체 없이 해야 하는 일'은 무엇인가요?
     그 일을 어떻게 실천할지 생각해 봅시다.

할 일이 아무리 많아도 하느님의 뜻이라면
그것을 할 시간이 생깁니다.

베드로 가니시오 성인

★… 하느님께 감사드리며 오늘 여러분의 결심을 봉헌해 봅시다.

★… 주님께 드리는 오늘의 감사 기도

12월 10일

★… 오늘의 묵상

크리스마스 구유는 하느님이 우리와 함께하시고, 우리를 사랑하시며, 우리를 찾고 계신다는 것을 알려 줍니다. 그러니 두려워하거나 체념하지 않기를, 낙담하지 않기를 바랍니다.
하느님은 당신이 바닥이라고 여기는 그곳, 구유에서 태어나셨습니다. 예수님은 어떤 죄라도 구원하길 바라시며, 구원하실 수 있습니다. 크리스마스는 그런 하느님이 우리와 가까이 계신다는 것을 의미합니다. 그러니 자신감을 찾으세요!

— 프란치스코 교황

★… 나의 장점은 무엇인가요? 또한 내가 잘할 수 있는 일은 무엇인가요? 오늘은 나 자신에 대해 묵상해 봅시다.

나의 인생관은 모든 것을 감사함으로 받고
당연한 것으로 여기지 않도록 연습하는 것입니다.

G. K. 체스터턴

★… 하느님께 감사드리며 오늘 여러분의 결심을 봉헌해 봅시다.

★… 주님께 드리는 오늘의 감사 기도

12월 11일

★… 오늘의 묵상

우리는 희망이 우리를 가르치도록 우리 자신을 내어 맡겨야 합니다. 믿음으로 주님의 오심을 기다려야 합니다. 그러면 우리 삶의 광야가 무엇이든 (우리 각자는 자신이 어떤 광야를 걷고 있는지 잘 알고 있습니다.) 꽃이 만발한 정원으로 바뀌게 될 것입니다.
희망은 결코 우리를 저버리지 않습니다!

— 프란치스코 교황, 《그래도 희망》

★… 하느님께서 우리를 사랑하신다고 확신하나요?
　　어떨 때 그렇게 느끼나요?

"하느님께서 나를 사랑하고 계십니다."
이것이야말로 우리가 지닌 확신의 뿌리이자 희망의 뿌리입니다.

프란치스코 교황

★… 하느님께 감사드리며 오늘 여러분의 결심을 봉헌해 봅시다.

★… 주님께 드리는 오늘의 감사 기도

12월 12일

✶… 오늘의 묵상

우리는 어떤 만남에서 그동안 걸어왔던 길을 바꾸기도 합니다. 바로 성모님과 그녀의 친척 엘리사벳의 만남이 좋은 예시입니다.
이 두 사람이 서로 만나 인사를 나눌 때, 엘리사벳의 태중에 있던 아기(요한 세례자)가 기뻐 뛰놀았다고 전해집니다. 엘리사벳은 그때 성모님의 몸속에 자라는 새로운 생명을 강렬하게 느낀 셈입니다. 그렇게 엘리사벳은 성령을 통해 성모님께서 간직한 비밀을 알아본 것이지요.

— 안셀름 그륀, 《기쁨, 영혼의 빛》

✶… 나의 삶에 가장 가치 있는 것은 무엇인지 생각해 봅시다.
그것을 위해 어떤 노력을 하고 있나요?

하느님이 당신을 바라보며……
미소 짓고 계시는 모습을 보십시오.

앤소니 드 멜로

✳︎… 하느님께 감사드리며 오늘 여러분의 결심을 봉헌해 봅시다.

✳︎… 주님께 드리는 오늘의 감사 기도

12월 13일

★… 오늘의 묵상

예수님과 만난 이는 어둠을 관통하는 별빛의 기적을 체험합니다. 그리고 밝게 비추는 이 빛을 알게 되죠. 저는 여러분 모두가 이 빛을 두려워하지 않고 주님께 마음의 문을 열길 바랍니다. 무엇보다도 주님을 찾을 기력조차 없는 분들에게, 지쳐 있는 이들에게, 삶의 어둠 속에 계신 분들과 아무런 희망조차 없는 분들에게 이런 말씀을 드리고 싶습니다.
"일어나십시오. 용기를 가지세요. 예수님의 빛은 그 깊은 어둠을 이길 방법을 알려 줄 것입니다. 일어나 용기를 가지세요!"

— 프란치스코 교황

★… 주님께 희망을 두고 있는지 묵상해 봅시다.
주님께서는 어떤 희망을 주시나요?

기도할 때는 용기를 내야 합니다.
하느님은 언제나 가까이 듣고 계십니다.

프란치스코 교황

★… 하느님께 감사드리며 오늘 여러분의 결심을 봉헌해 봅시다.

★… 주님께 드리는 오늘의 감사 기도

12월 14일

✶⋯ 오늘의 묵상

성탄을 맞아 행하는 외부 장식은, 주변에서 만나는 형제자매들, 특히 보다 약하고 도움이 필요한 이들 속에 계신 주님의 모습을 알아차리도록 초대합니다. 오늘 우리는 우리 구세주의 곧 이루어질 오심에 대해 기뻐하라고 초대받았습니다.
더불어 가난하고 병들었으며 홀로 있으며 불행한 이들에게 위로와 희망을 선사함으로써 이러한 기쁨을 서로 나누라고 부르심받았습니다.

— 프란치스코 교황

✶⋯ 기쁜 일이 있을 때 그 기쁨을 누구와 어떻게 나누나요? 기쁨을 서로 나눌 때 어떤 마음이 드나요?

모든 것이 잘될 것이다. 온갖 일이 다 잘될 것이다.

노리치의 율리아나

★… 하느님께 감사드리며 오늘 여러분의 결심을 봉헌해 봅시다.

★… 주님께 드리는 오늘의 감사 기도

12월 15일

★… 오늘의 묵상

개인적으로나 공적인 자리에서 듣게 되는 하느님의 말씀을 경건하게 받아들이십시오. 강론을 들을 때에도 항상 공경하는 마음으로 주의 깊게 듣고 그것이 그대에게 유익한 것이 되도록 해야 합니다.

'이 모든 것을 당신 마음에 간직하셨던'(루카 2.51) 성모님처럼 하느님의 말씀이 헛되이 땅에 버려지지 않게 그대의 마음속에 이를 받아들여야 합니다.

— 프란치스코 살레시오 성인, 《신심 생활 입문》

★… 좋아하는 성경 구절을 써 봅시다. 없다면 지금 성경을 펼쳐 마음에 드는 구절을 정해 보세요.

성경을 읽는 것은 주님의 말씀을 듣는 것입니다.

암브로시오 성인

★… 하느님께 감사드리며 오늘 여러분의 결심을 봉헌해 봅시다.

★… 주님께 드리는 오늘의 감사 기도

12월 16일

★… 오늘의 묵상

오늘날 우리는 함께하는 분위기를 만들어 내야 합니다. 성령의 이끄심에 마음을 열고 기도하는 가운데, 다른 사람들의 마음과 생각을 받아들이도록 시야를 넓혀야 합니다. 본당 공동체에서조차 서로 공간과 목적과 꿈을 함께 나누기가 어려운 때가 많습니다.
그러나 이러한 때라도 함께한다는 것을 진지하게 생각하고, 모두를 만나게 해 주는 다리를 놓는 사람이 되어야 합니다. 그러한 일치의 과업에 마음을 연다면, 엄청난 보상을 받게 될 것입니다.

— 프란치스코 교황

★… 본당에는 어떤 단체들이 있나요?
　　그중 내가 활동할 만한 단체는 무엇일지 생각해 보세요.

먼저 우리는 서로 만나야 하고 그다음에 서로 도와야 합니다.
프란치스코 교황

★… 하느님께 감사드리며 오늘 여러분의 결심을 봉헌해 봅시다.

★… 주님께 드리는 오늘의 감사 기도

12월 17일

★… 오늘의 묵상

어둠과 역경 속에서 미소 짓기란 어렵습니다. 하지만 희망은 우리를 하느님께로 인도해 주는 길을 발견하도록 미소 짓는 법을 알려 줍니다. 오직 희망만이 진정한 미소를 짓게 해 줍니다.
그것은 하느님을 만날 수 있게 해 주는 희망의 미소입니다.

— 프란치스코 교황, 《그래도 희망》

★… 최근에 미소 지은 순간을 떠올려 보세요.
　　무엇을 보고 미소를 지을 수 있었나요?

―――――――――――――――――――――――――――――――
―――――――――――――――――――――――――――――――
―――――――――――――――――――――――――――――――
―――――――――――――――――――――――――――――――
―――――――――――――――――――――――――――――――
―――――――――――――――――――――――――――――――

이 내 슬픈 울음을 춤으로 바꾸시고,
내 자루 옷 풀으시어, 기쁨으로 띠 띠어 주시기는

《시편과 아가》 시편 30,12

★… 하느님께 감사드리며 오늘 여러분의 결심을 봉헌해 봅시다.

★… 주님께 드리는 오늘의 감사 기도

12월 18일

✶⋯ 오늘의 묵상

미사 안에서 예수님과 형제자매들과 친교를 이루게 되면 신앙은 견고해진다. 성체성사로서 마음과 영혼에 예수 그리스도를 모셨고, 그분께서는 우리와 함께 걸으신다. 미사는 우리에게 힘을 불어넣어 준다. 주님의 만찬에 초대받은 그리스도인은 행복하다.

— 도미닉 그라시, 조 파브로스키, 《미사에 초대합니다》

✶⋯ 이번 주 복음 말씀은 어땠나요?
　　강론 때 본당 신부님은 무엇을 강조하셨는지 적어 봅시다.

_____
_____
_____
_____
_____

미사는 그리스도교 신앙의 중심이고
신심과 경건한 행위의 핵심입니다.

프란치스코 살레시오 성인

★… 하느님께 감사드리며 오늘 여러분의 결심을 봉헌해 봅시다.

★… 주님께 드리는 오늘의 감사 기도

12월 19일

★… 오늘의 묵상

크리스마스를 앞둔 어느 날, 나는 작은 전구들로 예쁘게 장식된 집 주변을 걷다 잠시 멈추었다. 문득 마음에서 솟아나는 깊은 감사를 느꼈던 것이다.
하지만 그것은 내가 소유한 것에 대한 감사가 아니었다. 내가 진심으로 감사했던 바는 이런 것을 느낄 수 있는 따스함에 대한 것이었다.

— 로버트 J. 윅스, 《로버트 윅스의 영적 성장》

★… 아름답게 장식된 크리스마스 장식을 볼 때 어떤 느낌이 드는지 묵상해 봅시다. 성탄의 진정한 의미는 무엇일까요?

우리가 장미 한 송이를 주의 깊게 본다면,
이제 그 장미는 식물 이상입니다.
그 안에서 아름다움의 신비가, 사랑의 신비가 우리에게 드러납니다.

안셀름 그륀

★… 하느님께 감사드리며 오늘 여러분의 결심을 봉헌해 봅시다.

★… 주님께 드리는 오늘의 감사 기도

12월 20일

✶… 오늘의 묵상

하느님에 대해 모든 것을 알 수는 없습니다. 그래서 어쩌면 자신이 원하는 바를 행하시는 하느님을 상상할 수도 있을 것입니다. 형제자매에 대해서도 그럴 수 있습니다. 그렇게 다른 이들에게 엄격한 꼬리표를 붙이곤 합니다. 그러나 대림 시기는 아기 예수님의 탄생을 준비하면서 우리 주님이 누구신지 다시 배우는 시간입니다. 하느님과 형제자매에 대한 그동안의 선입견과 편견을 버리는 시간입니다. 그렇게 생각을 뒤집어, 상처받은 이들에게 위로를 건네는 시간입니다.

— 프란치스코 교황

✶… 자주 얼굴을 보는 사람 가운데 나를 불편하게 하는 사람이 있나요?
　　그 사람의 좋은 점은 무엇인지 생각해 봅시다.

어떤 것을 평가하는 대신, 모든 것을 있는 그대로 받아들이세요.
그렇게 할 때 모든 것을 사랑스럽게 볼 수 있습니다.

안셀름 그륀

★… 하느님께 감사드리며 오늘 여러분의 결심을 봉헌해 봅시다.

★… 주님께 드리는 오늘의 감사 기도

12월 21일

★… 오늘의 묵상

용서는 우리가 예수님께 속해 있고 그분께 용서받았기 때문에 다른 사람에게 주는 선물입니다. 우리는 용서받았기 때문에 용서합니다. 이것을 잊지 맙시다. 우리는 용서받았기 때문에 용서할 수 있는 힘이 있습니다. 우리와 잘 지내지 못한 사람, 우리에게 상처를 입히고 관계를 회복하지 못한 사람들을 용서해 주세요. 그리고 새로 태어나신 예수님께 다른 사람을 용서할 수 있는 마음을 청합시다!

— 프란치스코 교황

★… 누군가에게 용서받은 기억을 떠올려 봅시다.
　　그때 어떤 마음이 들었나요?

제 자신을 용서하는 것조차 인색한 저를
당신은 용서해 주셨고, 그 용서는 제게 힘을 주었습니다.

안셀름 그륀

★… 하느님께 감사드리며 오늘 여러분의 결심을 봉헌해 봅시다.

★… 주님께 드리는 오늘의 감사 기도

12월 22일

★… 오늘의 묵상

대림 시기와 성탄 시기는 하느님 백성 안에서 희망을 다시금 일깨우는 전례 시기입니다. 희망은 인간에게 우선적으로 필요한 것입니다. 미래를 희망하는 것, 삶을 믿는 것, 이것은 소위 '긍정적으로 생각하는 것'입니다.
그러나 이러한 희망이 우리가 살아가는 데 도움을 주고 우리 존재에 의미를 부여할 수 있는 대답이 되도록 하는 것이 중요합니다.

— 프란치스코 교황, 《그래도 희망》

★… 나의 꿈은 무엇인가요? 그러한 꿈을 갖게 된 이유는 무엇인가요?

주님은 꿈을 꿀 줄 아시며,
우리 꿈에 대한 열망을 지니고 계십니다.

프란치스코 교황

★… 하느님께 감사드리며 오늘 여러분의 결심을 봉헌해 봅시다.

★… 주님께 드리는 오늘의 감사 기도

12월 23일

★… 오늘의 묵상

하느님이 당신 뜻을 이루시도록 마리아는 하느님께 자신을 온전히 봉헌합니다. 이렇게 하여 마리아는 온 인류의 축복이 되십니다. 이 세상을 변화시키고 이 세상을 밝게 비추며 세상을 구원하실 예수님이 마리아에게서 태어나시기 때문입니다.

— 안셀름 그륀, 《천사: 천사가 당신과 함께하기를》

★… 하느님께 자신을 온전히 내어 맡기고 있는지 묵상해 봅시다.
　　천사가 "하느님께는 불가능한 일이 없다."라고 했을 때 성모님이 하신 대답을 성경에서 찾아보세요.

세상에 위대해 보이는 것은 착각, 공상, 거짓에 지나지 않는다.
말구유에 누워 계신 아기 예수님께 이 사실을 배우도록 하자.

프란치스코 살레시오 성인

★… 하느님께 감사드리며 오늘 여러분의 결심을 봉헌해 봅시다.

★… 주님께 드리는 오늘의 감사 기도

12월 24일

★… 오늘의 묵상

기억할 수 있는 한, 기뻤던 순간들을 모두 떠올려 보십시오. 어린 시절, 주님 성탄 대축일 종소리를 들으며 아름답게 장식된 거실에 들어서면서 느꼈던 기쁨 같은 것을요!
성당에서 아기자기하게 꾸민 구유와 알록달록한 별 모양의 전구가 반짝거리는 모습을 보고 당신도 모르게 환호하며 기뻐했던 순간이 될 수도 있겠지요. 부모님이 선물을 건네며 따뜻하게 안아 주었을 때 느꼈던 기쁨도 떠올려 보십시오.

— 안셀름 그륀, 《기쁨, 영혼의 빛》

★… 살면서 가장 기뻤던 순간은 언제였나요?
　　그때 어떻게 기쁨을 표현했는지 떠올려 보세요.

언제나 기뻐하십시오, 끊임없이 기도하십시오.
모든 일에 감사하십시오. 이것이 그리스도 예수님 안에서 살아가는
여러분에게 바라시는 하느님의 뜻입니다.

1테살 5,16-18

★… 하느님께 감사드리며 오늘 여러분의 결심을 봉헌해 봅시다.

★… 주님께 드리는 오늘의 감사 기도

12월 25일

✶⋯ 오늘의 묵상

성탄 밤에 어둠을 빛으로 밝히는 까닭은 하느님의 아드님이 태어나시어 세상에 오셨기 때문입니다. 매년 그리스도인들은 하느님이 사람이 되셔서 우리들 중 한 사람으로 오신 것을 축하합니다. 그때 당시, 그리고 오늘 그분은 인간에게 미래를 열어 주시고 '충만한 삶'도 선사하십니다.

— 자카리아스 하이에스, 《별이 빛난다》

✶⋯ 나에게 오시는 아기 예수님께 진정으로 바라는 것은 무엇인지 묵상해 봅시다.

그리스도께서는 우리 삶 속으로 들어오고자 하십니다.

프란치스코 교황

★… 하느님께 감사드리며 오늘 여러분의 결심을 봉헌해 봅시다.

★… 주님께 드리는 오늘의 감사 기도

우리가 길을 걸을 때 거쳐야만 하는
광야와 어둠은 우리에게 종종 삶의 빛나는 순간보다
더 가까운 곳에 있는 것 같습니다.

그래서 우리는 그것들에 대해 빛나는 순간보다
더 자주 말하곤 합니다.
이것은 당연한 것입니다.

왜냐하면 빛나는 순간들은
언제나 우리에게 애써 무엇인가 해내게 하고
고통을 감내하도록 준비시키기 때문입니다.

또한 이 순간들은 자주 우리의 삶이
이제부터는 더 이상 지금까지와는 같지 않도록
우리를 이끌어 갑니다.

오늘날에도 베들레헴의 별은 여전히 빛납니다.
바로 그러한 곳에서 별은 오늘날에도
볼 눈을 가진 사람들에게 보입니다.

우리가 별이 더 이상 거기에 있지 않다는 느낌이 들 때,
별이 몸을 숨기고 있다고 느낄 때,

그때야말로 눈과 귀와 모든 감각을 열고
작은 '별의 조각'을 일상에서 발견할 때입니다.

그러면 우리는 성탄절이 지나서도
오래오래 그 별이 우리를 비추는 것을
발견하게 될 것입니다.

― 자카리아스 하이에스, 《별이 빛난다》

주님의 기도

하늘에 계신 우리 아버지,
아버지의 이름이 거룩히 빛나시며
아버지의 나라가 오시며
아버지의 뜻이 하늘에서와 같이
땅에서도 이루어지소서!

오늘 저희에게 일용할 양식을 주시고
저희에게 잘못한 이를 저희가 용서하오니
저희 죄를 용서하시고
저희를 유혹에 빠지지 않게 하시고
악에서 구하소서.
아멘.

성모송

은총이 가득하신 마리아님, 기뻐하소서!
주님께서 함께 계시니 여인 중에 복되시며
태중의 아들 예수님 또한 복되시나이다.

천주의 성모 마리아님,
이제와 저희 죽을 때에
저희 죄인을 위하여 빌어 주소서.
아멘.

삼종 기도

○ 주님의 천사가 마리아께 아뢰니
● 성령으로 잉태하셨나이다.

성모송

○ "주님의 종이오니
● 그대로 제게 이루어지소서!"

성모송

○ 이에 말씀이 사람이 되시어
● 저희 가운데 계시나이다.

성모송

○ 천주의 성모님, 저희를 위하여 빌어 주시어
● 그리스도께서 약속하신 영원한 생명을 얻게 하소서.

✚ 기도합시다.
하느님, 천사의 아룀으로
성자께서 사람이 되심을 알았으니
성자의 수난과 십자가로
부활의 영광에 이르는 은총을
저희에게 내려 주소서.
우리 주 그리스도를 통하여 비나이다.
◎ 아멘.

아침 기도

(십자 성호를 그으며)
✠ 성부와 성자와 성령의 이름으로.
◎ 아멘.

○ 하늘에 계신 우리 아버지,
아버지의 이름이 거룩히 빛나시며
아버지의 나라가 오시며
아버지의 뜻이 하늘에서와 같이
땅에서도 이루어지소서!
● 오늘 저희에게 일용할 양식을 주시고
저희에게 잘못한 이를 저희가 용서하오니
저희 죄를 용서하시고
저희를 유혹에 빠지지 않게 하시고
악에서 구하소서.
◎ 아멘.

◎ 하느님, 저를 사랑으로 내시고
저에게 영혼 육신을 주시어
주님만을 섬기고 사람을 도우라 하셨나이다.
저는 비록 죄가 많사오나
주님께 받은 몸과 마음을 오롯이 도로 바쳐
찬미와 봉사의 제물로 드리오니
어여삐 여기시어 받아 주소서.
아멘.

✚ 우리 주 하느님께 권능과 영광
지혜와 굳셈이 있사오니
찬미와 감사와 흠숭을 영원히 받으소서.
◎ 아멘.

✚ 전능하신 하느님,
오늘도 저희 생각과 말과 행위를
주님의 평화로 이끌어 주소서.
◎ 아멘.

저녁 기도

(십자 성호를 그으며)
✝ 성부와 성자와 성령의 이름으로.
◎ 아멘.

✝ 주님, 오늘 생각과 말과 행위로 지은 죄와
의무를 소홀히 한 죄를 자세히 살피고
그 가운데 버릇이 된 죄를 깨닫게 하소서.
(잠깐 반성한다.)

◎ 하느님,
제가 죄를 지어
참으로 사랑받으셔야 할
하느님의 마음을 아프게 하였기에
악을 저지르고 선을 멀리한 모든 잘못을
진심으로 뉘우치나이다.

하느님의 은총으로 속죄하고
다시는 죄를 짓지 않으며
죄지을 기회를 피하기로 굳게 다짐하오니
우리 구세주 예수 그리스도의 수난 공로를 보시고
저에게 자비를 베풀어 주소서.
아멘.

○ 하느님, 하느님께서는 진리의 근원이시며
그르침이 없으시므로
계시하신 진리를
교회가 가르치는 대로 굳게 믿나이다.

● 하느님, 하느님께서는 자비의 근원이시며
저버림이 없으시므로
예수 그리스도의 공로를 통하여 주실
구원의 은총과 영원한 생명을 바라나이다.

○ 하느님, 하느님께서는 사랑의 근원이시며
한없이 좋으시므로
마음을 다하여 주님을 사랑하며
이웃을 제 몸같이 사랑하나이다.

✝ 하늘에 계신 우리 아버지,
오늘 하루도 이미 저물었나이다.
이제 저희는 구세주 예수 그리스도를 통하여
모든 천사와 성인과 함께 주님을 흠숭하며
지금 이 순간까지 베풀어 주신
주님의 사랑에 감사하나이다.
◎ 아멘.

✝ 전능하신 천주
(십자 성호를 그으며)
성부와 성자와 성령께서는
저희에게 강복하시고 지켜 주소서.
◎ 아멘.

대림 묵상 노트

2023년 10월 13일 교회 인가
2021년 11월 21일 초판 1쇄 펴냄
2023년 11월 12일 개정 초판 1쇄 펴냄
2024년 8월 6일 개정 초판 2쇄 펴냄

지은이 · 가톨릭출판사 편집부
펴낸이 · 정순택
펴낸곳 · 가톨릭출판사
편집 겸 인쇄인 · 김대영
편집 · 박다솜, 강서윤, 김소정
디자인 · 정호진, 강해인, 송현철, 이경숙
마케팅 · 안효진, 황희진

본사 · 서울특별시 중구 중림로 27
등록 · 1958. 1. 16. 제2-314호
전자우편 · edit@catholicbook.kr
전화 · 1544-1886(대표 번호)
지로번호 · 3000997

ISBN 978-89-321-1876-5 03230

값 6,000원

성경 · 전례문 ⓒ 한국천주교중앙협의회, 2023.

이 책은 저작권법에 의해 보호를 받는 저작물이므로 무단 전재와 무단 복제를 금합니다.

가톨릭의 모든 도서와 성물을 '가톨릭출판사 인터넷쇼핑몰'에서 만나 보실 수 있습니다.
http://www.catholicbook.kr | (02)6365-1888(구입 문의)